¿ **Pourquoi**
Comment ?
ERPI

Chevaliers
et châteaux

Un livre Dorling Kindersley
www.dk.com

Édition originale publiée en Grande-Bretagne en 2005
par Dorling Kindersley Limited, sous le titre :
Eye Wonder : Castle & Knight

Copyright © 2002 Dorling Kindersley Limited, Londres
Copyright © 2006 Gallimard Jeunesse
pour la traduction française
Copyright © 2006 ERPI pour l'édition française
au Canada

Responsable éditorial Thomas Dartige
Suivi éditorial Éric Pierrat

Réalisation de l'édition française
ML ÉDITIONS, Paris, sous la direction
de Michel Langrognet
Traduction Michel Hourst
Couverture Raymond Stoffel et Aubin Leray

5757, RUE CYPIHOT
SAINT-LAURENT (QUÉBEC)
H4S 1R3

www.erpi.com

Dépôt légal – 2006
Bibliothèque et Archives nationales du Québec
Bibliothèque nationale du Canada

ISBN 2-7613-2092-1   K 20921

Imprimé en Italie
Édition vendue exclusivement au Canada

Sommaire

Qu'est-ce qu'un château ?

Aujourd'hui encore, il existe des centaines de châteaux dans le monde. Un château n'était pas seulement la résidence d'un roi ou d'un seigneur mais aussi un élément de la défense d'un pays ou d'une région. Les premiers châteaux furent construits il y a quelque mille deux cents ans.

D'abord, des forts

Bien avant les châteaux, il y eut des forts, comme celui de Mycènes, en Grèce (1250 av. J.-C.). Très différent des châteaux du Moyen Âge, celui-ci possédait de puissantes fortifications : 17 m de haut et 6 m d'épaisseur.

Les créneaux permettaient à la fois de tirer sur l'ennemi et de s'abriter.

Les tours en pierre étaient beaucoup plus robustes que celles en bois.

L'ennemi ne pouvait s'introduire par les fenêtres étroites.

Un château typique ?

La construction du château de Bodiam, en Angleterre, a débuté en 1385. Entre autres moyens de défense, il était entouré d'un large fossé, difficile à franchir : les douves.

4

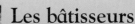

Les outils de construction n'ont pas beaucoup changé.

Ciseau à pierre

Compas

Massette

Par la meurtrière

La meurtrière est une étroite ouverture dans la muraille par laquelle le défenseur pouvait tirer des flèches sur l'ennemi tout en restant relativement bien protégé.

Miniature française montrant la construction d'un château vers 1400.

Les bâtisseurs

Pour construire un château, le seigneur devait avoir la permission du roi. Un maître architecte en faisait les plans et surveillait les travaux, qui duraient de nombreuses années.

La tour de guet permettait de voir venir l'ennemi de loin.

À retenir

Le **château** est la demeure d'un seigneur ou d'un roi.

Les **créneaux** sont des ouvertures dentelées au sommet des murailles.

Le **maître architecte** faisait les plans du château et en surveillait l'exécution.

Les premiers châteaux

À partir du IXe siècle, les châteaux se multiplièrent en Europe. Au départ simples bâtiments en bois entourés d'une palissade et d'un fossé, ils furent ensuite construits sur des tertres de terre : on les appelle les châteaux à motte.

Autour du donjon, la haute cour était entourée d'une palissade et d'un chemin de ronde.

En hauteur

La terre enlevée en creusant les fossés était entassée pour former une élévation ; au sommet se dressait le donjon, destiné à surveiller l'arrivée de l'ennemi.

Un pont-levis empêchait l'ennemi d'accéder au donjon.

La motte était entourée d'un fossé pour faire obstacle aux assaillants.

Lorsque Guillaume le Conquérant envahit l'Angleterre en 1066,

De la terre à la pierre

En France, les châteaux en pierre
commencèrent à se répandre il y a plus de
mille ans, ne remplaçant que progressivement
les châteaux en bois : plus longs à construire,
ils coûtaient plus cher.

Un site protégé

On construisait les châteaux dans
un endroit permettant de repousser
facilement l'ennemi. Souvent, ce lieu
avait déjà été occupé : ainsi, le château
de Portchester, en Angleterre, fut bâti
sur le site d'un ancien fort romain.

Haute cour et basse cour

En contrebas du donjon, les domestiques
et les animaux occupaient la basse cour.
Lorsque l'ennemi approchait, on relevait
le pont-levis qui la reliait au donjon.

*La basse cour abritait
des étables, une grande
salle, des habitations,
des ateliers et une chapelle.*

*Pour se protéger des
ennemis, on relevait le
pont qui enjambait le fossé.*

il y construisit deux châteaux en bois en deux semaines !

Du donjon au château

En 1077, Guillaume le Conquérant lança les travaux d'un donjon en pierre au bord de la Tamise : c'est la célèbre Tour de Londres. À partir du XIIIe siècle, d'autres bâtiments et remparts y furent ajoutés.

Guillaume le Conquérant, duc de Normandie, devint roi d'Angleterre en 1066.

La Tour était la première chose qu'on voyait en arrivant à Londres par bateau.

La Tour blanche

Il fallut vingt ans pour édifier le donjon, qui servit d'abord de résidence, de prison puis d'entrepôt d'armes et même de chambre du trésor royal.

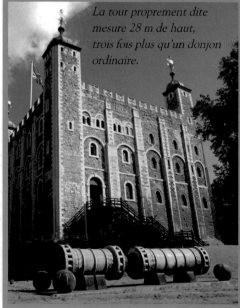

La tour proprement dite mesure 28 m de haut, trois fois plus qu'un donjon ordinaire.

Enceinte extérieure

L'enceinte intérieure compte douze tours.

Sinistres douves

En 1275, le roi Édouard Ier fit entourer la Tour d'un fossé large de 50 m ; il fallut six ans pour le creuser. Quand on l'assécha en 1830, on y trouva de nombreux ossements humains.

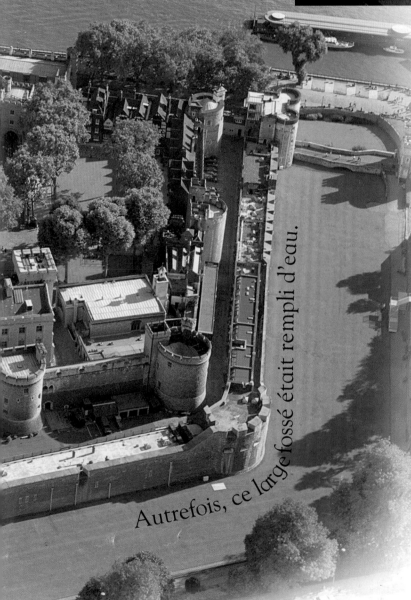

Autrefois, ce large fossé était rempli d'eau.

La Tour de Londres en 1200. Au fond et sur la droite, les remparts sont les anciennes murailles qui protégeaient le site romain.

Vers 1300, c'était un château concentrique, ainsi appelé parce qu'il était ceint d'une double muraille protégée par un fossé.

La Tour de Londres abrite aujourd'hui des bureaux et des casernes ainsi que la salle du Trésor d'Angleterre.

Qui y vivait ?

Entre le Xe et le XVIe siècle, les châteaux étaient les résidences des rois et des seigneurs, entourés de leurs serviteurs. Les paysans vivaient dans des maisons de bois regroupées en hameaux.

La châtelaine avait ses propres servantes, et des nourrices pour ses enfants.

La châtelaine
Parfois mariée dès l'âge de douze ans, la châtelaine apportait une dot (des biens) et l'alliance de sa famille.

Le seigneur
Le seigneur gérait son fief (domaine), faisait fonction de juge et devait surtout se battre pour son suzerain.

L'écuyer
Avant de devenir chevalier vers l'âge de vingt et un ans, l'écuyer s'entraînait tout en étant au service de son seigneur.

Le page
Vers l'âge de sept ans, les fils du seigneur étaient envoyés comme pages dans un autre château.

La châtelaine dirigeait l'organisation du château.

Châtelaine

Seigneur

Écuyer

Page

L'écuyer commençait sa formation vers l'âge de treize ans.

Le seigneur pouvait s'enrichir à la guerre et aux tournois.

Vers l'âge de treize ans, le page devenait écuyer.

Une vie rude

La vie au château n'était pas aussi confortable qu'on le croit. Balayées par des courants d'air et mal chauffées par des cheminées, les vastes salles étaient froides. Seuls le seigneur et le chapelain avaient une chambre particulière.

Chambre du chapelain

Salle haute

Chapelle

Escalier de la tour

Cuisine

Salle basse

Aux champs

La plupart des serfs cultivaient la terre pour leur seigneur, qui prélevait l'essentiel des récoltes.

Il faut distinguer les paysans libres des serfs, qui appartiennent à leur seigneur. Tous connaissaient des conditions de vie très dures.

Paysan

Fileuse

On tissait la laine pour confectionner des vêtements.

Au service du seigneur

Autour du seigneur et de sa dame vivait une nombreuse maisonnée : de l'intendant chargé de gérer le château en l'absence de son maître jusqu'aux humbles domestiques et ouvriers pour les travaux courants.

Le charpentier fabriquait les objets quotidiens et effectuait les réparations.

Charpentier

À la table du seigneur

Au cœur du château, il y avait la grande salle, où le seigneur mangeait, recevait et gérait ses affaires. Au début, tout le monde y dormait aussi, mais, à partir du XIIIᵉ siècle, le seigneur et sa famille disposèrent de leurs propres chambres.

Repas de tout repos

Le repas principal avait lieu en famille. Pour des hôtes de marque, le seigneur organisait des banquets avec jongleurs et ménestrels.

La Grande Salle du château de Warwick, en Angleterre.

Ces trois portes menaient aux cuisines.

Seules les salles à l'étage avaient de grandes baies.

Le sol était parfois recouvert de carreaux de terre cuite. Les tapis étaient rares.

Aux cuisines

Les grands châteaux comptaient plusieurs cuisines. En attendant d'être consommée, la nourriture était entreposée dans le garde-manger ; les boissons – vin, cidre et bière – étaient conservées au cellier.

Tout ce qu'on mangeait était produit ou chassé sur les terres du seigneur.

Outre du bœuf, du faisan et du gibier, on mangeait souvent du pigeon.

En guise de couverts

Si les couteaux et cuillères n'ont pas changé depuis des siècles, d'autres ustensiles ont disparu. On utilisait des crocs pour attraper la viande dans le pot suspendu au-dessus du feu.

Marmite

Les sauces servaient à masquer le goût de la viande faisandée.

Croc à viande

À table !

Les principaux plats étaient à base de viande et de poisson. En guise d'assiettes, on utilisait d'épaisses tranches de pain appelées tranchoirs. Le dessert était un luxe.

Videz vos verres !

Au Moyen Âge, l'eau était si sale qu'on ne pouvait pas la boire. Les domestiques buvaient de la petite bière. Le vin, rare et cher, était réservé au seigneur et à ses hôtes.

Fêtes au château

Au Moyen Âge, le paysan travaillait du matin au soir, sauf les jours de foire, le dimanche et les jours de fête. La principale distraction du seigneur était la chasse.

Histoires de fous

Le fou, ou bouffon, était chargé de faire rire le seigneur. Il était vêtu d'un costume coloré à grelots et faisait des plaisanteries à tout propos.

Instruction en musique

Peu de gens savaient lire ; la musique était donc aussi un moyen d'apprendre. Les ménestrels chantaient la guerre, l'amour et la religion.

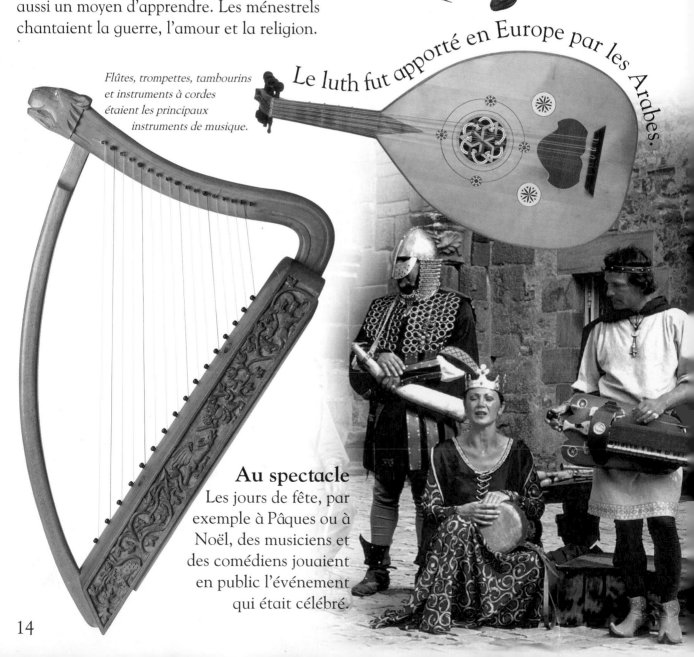

Flûtes, trompettes, tambourins et instruments à cordes étaient les principaux instruments de musique.

Le luth fut apporté en Europe par les Arabes.

Au spectacle

Les jours de fête, par exemple à Pâques ou à Noël, des musiciens et des comédiens jouaient en public l'événement qui était célébré.

À l'heure de la prière

Dans chaque château, il y avait une chapelle où le seigneur et sa maisonnée se rendaient tous les jours. Le chapelain, qui savait lire, leur lisait et leur enseignait la Bible.

À la chasse !

La chasse, à courre et au faucon, tenait une grande place dans la vie du seigneur, qui se nourrissait du gibier chassé.

Roulent les dés !

On jouait beaucoup aux dés. Pour certains, c'était une passion qui pouvait coûter fort cher !

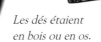

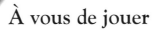

Les dés étaient en bois ou en os.

À vous de jouer

Pour occuper les longues soirées, on jouait aussi aux échecs, au trictrac et aux dames – comme aujourd'hui.

Les pièces du jeu d'échecs représentaient les différentes classes de la société.

Évêque
(devenu le « fou »)   *Cavalier*   *Roi*

15

État de siège

La vie au château n'était pas de tout repos.
Le seigneur était toujours menacé de voir son château attaqué ou assiégé par un envahisseur étranger ou par un autre seigneur désireux d'agrandir son fief.

Fronde

Guerre biologique

Les attaquants ne lançaient pas seulement des pierres et des flèches mais également des excréments, pour propager des maladies. Ils n'hésitaient pas non plus à projeter des têtes coupées de prisonniers, pour saper le moral des assiégés.

Bouse

Boulet de pierre

Qu'est-ce qu'un siège ?

L'ennemi établissait un camp autour du château, empêchant ses habitants d'en sortir ou d'être secourus. Puis il attendait que le seigneur se rende. Il ne lançait l'assaut que lorsque l'attente devenait trop longue.

... Prêts ? Tirez !

La baliste est une sorte d'énorme arbalète dont les projectiles – les carreaux – étaient redoutables pour les assiégés qui tentaient une sortie.

Logement du carreau

Quand on relâche la corde, le carreau est propulsé vers l'avant.

Vlouf Vlouf

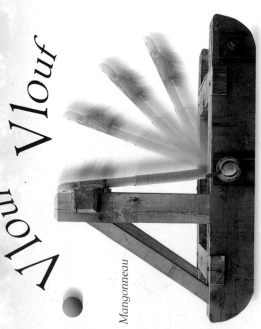

Mangonneau

Aux armes !...

Les remparts protégeaient efficacement les habitants du château ; l'ennemi essayait de les détruire avec des boulets de pierre lancés par de grosses machines : mangonneaux et trébuchets.

16

Pointe de flèche ordinaire

Tête de flèche à barbel

Tête de flèche en poinçon

Têtes de flèche

Les archers utilisaient des flèches à tête large pour chasser le gibier et, à la guerre, des flèches à tête pointue capables de transpercer une armure.

Souvent, le seigneur assiégé préférait se rendre pour éviter un bain de sang.

Trébuchet

Ruses de guerre

Outre les armes et les machines, l'assaillant usait de ruse pour pénétrer dans le château, par exemple en grimpant par les conduits des latrines ou en soudoyant des gardes.

Moyens de défense

L'assaut est lancé, l'ennemi est aux portes.
Les soldats qui composent la petite garnison
sont sur les remparts pour le repousser.
De quels moyens disposent-ils ?

Les indésirables risquaient d'être piégés entre la herse et la porte, sous les assommoirs.

Au sommet de la voûte d'entrée, des trous, appelés assommoirs, permettaient de cribler l'assaillant de projectiles.

Fermez la porte !

Les portes du château étaient protégées par
une herse, lourde grille armée de pointes que
l'on abaissait devant l'ennemi. Parfois, en avant
des remparts, l'entrée du château formait
un ouvrage indépendant appelé barbacane.

Eau chaude à l'étage

Contrairement à ce que l'on croit souvent, les assiégés jetaient rarement de l'huile bouillante sur les assaillants mais plutôt de l'eau bouillante ou des pierres.

Il y a toujours une pointe à la verticale.

Attention aux pieds !

Les défenseurs parsemaient le sol de chausse-trapes à quatre pointes qui blessaient les pieds des soldats et des chevaux.

Voir sans être vu

Au sommet des remparts, les créneaux permettaient aux assiégés de tirer des flèches sur les assaillants tout en restant à l'abri.

Créneaux

En colimaçon

Dans le château, les escaliers tournaient dans le sens des aiguilles d'une montre : l'attaquant montant avait donc du mal à manier son épée contre le défenseur descendant.

Par ces ouvertures – les mâchicoulis –, les défenseurs lançaient des projectiles sur les assaillants.

Au cachot !

Bien fortifiés, les donjons convenaient parfaitement pour garder des prisonniers. Lorsque des personnages nobles étaient capturés au combat, ils étaient emprisonnés en attendant le versement d'une rançon.

Derrière les barreaux

Au Moyen Âge, les geôles abritaient des prisonniers politiques ou des criminels en attente d'un jugement qui les condamnerait soit à un châtiment, soit à mort.

Le collier était fixé autour du cou du prisonnier.

Ce collier pèse 16 kg – c'est bien lourd !

Pas de fuite

Les nobles dont on attendait une rançon étaient assez bien traités. Les autres prisonniers étaient enchaînés, sans espoir de s'évader.

La cheville du prisonnier était quelquefois reliée par une chaîne à un boulet.

La « question »

Il n'était pas inhabituel de maltraiter les prisonniers, parfois même de les torturer pour les faire avouer : c'était la « question », un rôle qu'exerçait le bourreau.

Un arrache-langue

UN MYSTÈRE DE L'HISTOIRE

Au secours !

Édouard V avait douze ans lorsqu'il devint roi d'Angleterre. Son oncle Richard l'enferma avec son frère dans la Tour de Londres, sous prétexte de le protéger, puis se fit proclamer roi. Ses neveux disparurent. Deux cents ans plus tard, on trouva des ossements qui étaient peut-être les leurs. Richard les avait-il assassinés ?

Des tortures inhumaines

Souvent, pour obtenir
une « confession », on torturait
le prisonnier sur un chevalet,
on le faisait écarteler entre
deux chevaux ou se tenir
dans de la paille enflammée.

*Ce que l'on
prend
maintenant
pour des
oubliettes
étaient
généralement
des celliers.*

Cellules variées

Lorsqu'un château ne comportait
pas de prison, les prisonniers étaient
simplement enfermés dans une pièce
ou une cave ou même dans une
dépendance comme un poulailler,
en attendant de connaître leur sort.

*Peu de prisonniers
étaient jetés
aux oubliettes.*

Le chevalier

Le chevalier était un soldat de métier
qui combattait à cheval ; il avait le devoir
de se mettre au service de son suzerain
lorsque celui-ci avait besoin d'une armée.

*Pour se protéger,
le chevalier comptait
surtout sur son
armure.*

*Au combat, il était
vital de protéger
son cheval.*

Le cheval roi
Outre l'armure, le
chevalier devait posséder
un cheval, et même
plusieurs : pour se battre,
chasser, jouter, voyager
et porter ses bagages.

Femmes au combat

Seuls les hommes pouvaient devenir chevaliers. Néanmoins, les femmes devaient parfois défendre le château en l'absence de leur mari.

Un seigneur

En 1429, au nom du roi de France, Jeanne d'Arc fit la guerre à l'envahisseur anglais.

Chevaliers sans terre

Les chevaliers qui n'avaient pas de fief vivaient chez un autre seigneur, qui leur payait leur coûteuse armure en échange de leur obéissance.

Les samouraïs étaient de prodigieux archers ; leurs arcs mesuraient 2 m.

Les samouraïs ont dirigé le Japon jusqu'au XVIᵉ siècle.

Le samouraï

Au Japon, l'équivalent du chevalier s'appelait le «samouraï». Il avait aussi son code à respecter : le *bushido*, qui signifie la «voie du guerrier».

Le chevalier et sa suite

Au combat, le chevalier était suivi par ses serviteurs qui l'aidaient à monter à cheval et à en descendre et qui s'occupaient des montures et des armes.

À l'école de la chevalerie

Pour devenir chevalier, la formation était longue. Vers sept ans, le fils d'un seigneur commençait par servir un autre seigneur en qualité de page, avant de devenir écuyer.

Service civil

À table, le seigneur et sa famille étaient servis par les écuyers, qui découpaient la viande et passaient les plats, et par les pages, qui servaient à boire.

Formation continue

Monter à cheval et manier les armes constituaient l'essentiel de la formation du chevalier. On s'entraînait à toucher une cible avec une lance.

Bras pivotant avec une charge qui venait frapper le chevalier trop lent.

Quintaine

Même les chevaliers aguerris s'exerçaient.

La cible pivote quand elle est frappée de plein fouet.

Du page au chevalier

Le page devenait écuyer vers l'âge de treize ans. Puis le seigneur le formait à la chevalerie : il lui fallait en particulier apprendre à manier les armes de jet, mais aussi à se battre au corps-à-corps. L'écuyer était adoubé, ou fait chevalier, vers l'âge de vingt et un ans.

Les premières leçons

Au château, les pages apprenaient les bonnes manières, mais rarement à lire et à écrire.

Être chevaleresque

Les chevaliers étaient tenus de respecter un code de conduite chevaleresque et courtois au combat mais aussi dans la vie quotidienne.

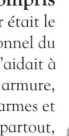

Un chevalier devait respecter et défendre les dames.

Le seigneur portait un pourpoint renforcé sous son armure.

Il fallait un quart d'heure pour revêtir l'armure.

Service compris

L'écuyer était le serviteur personnel du seigneur : il l'aidait à mettre son armure, fourbissait ses armes et le suivait partout, même à la bataille.

Le pied en cap

Quand on parle de chevalier, on pense immédiatement à l'armure. En Europe, ceux qui combattaient à cheval étaient équipés d'une armure qui protégeait le mieux possible toutes les parties du corps.

Défauts de la cuirasse

Il fallait protéger jusqu'aux moindres défauts de la cuirasse. La rouelle couvrait l'aisselle : un coup porté à cet endroit pouvait être fatal.

Tête haute

La bavière protégeait le menton, la gorge et le cou du chevalier.

Rouelle

La cubitière n'est pas mobile mais le bras peut bouger à l'intérieur.

Le gantelet est doublé de cuir à l'intérieur.

26

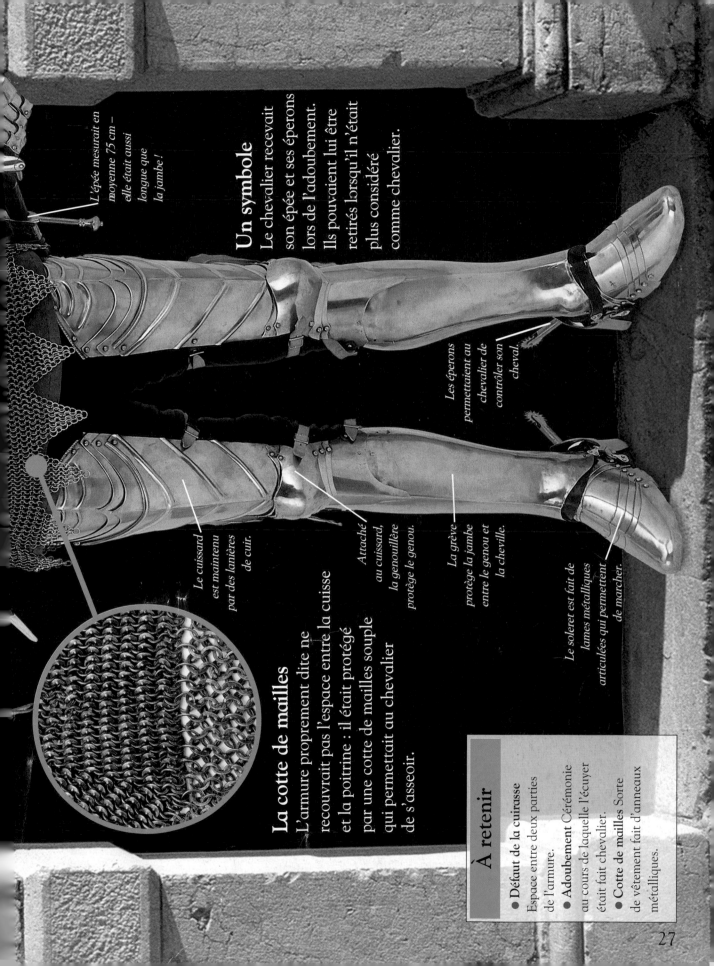

L'épée mesurait en
moyenne 75 cm —
elle était aussi
longue que
la jambe !

Un symbole

Le chevalier recevait
son épée et ses éperons
lors de l'adoubement.
Ils pouvaient lui être
retirés lorsqu'il n'était
plus considéré
comme chevalier.

Les éperons
permettaient au
chevalier de contrôler son
cheval.

Le cuissard
est maintenu
par des lanières
de cuir.

Attaché
au cuissard,
la genouillère
protège le genou.

La grève
protège la jambe
entre le genou et
la cheville.

Le soleret est fait de
lames métalliques
articulées qui permettent
de marcher.

La cotte de mailles

L'armure proprement dite ne
recouvrait pas l'espace entre la cuisse
et la poitrine : il était protégé
par une cotte de mailles souple
qui permettait au chevalier
de s'asseoir.

À retenir

● **Défaut de la cuirasse**
Espace entre deux parties
de l'armure.

● **Adoubement** Cérémonie
au cours de laquelle l'écuyer
était fait chevalier.

● **Cotte de mailles** Sorte
de vêtement fait d'anneaux
métalliques.

27

En armure brillante

Le soldat a toujours eu besoin de se protéger, d'abord avec des vêtements renforcés, puis avec une cotte de mailles. Les armes se faisant plus meurtrières, on renforça l'armure.

En pièces détachées

Une armure pèse en moyenne 25 kg, le poids d'un enfant de sept ans. Elle est faite de multiples pièces reliées, ce qui permettait de marcher ; mais elle tenait très chaud !

Hache d'armes

La cotte de mailles

Armure souple faite de milliers d'anneaux métalliques. Contre les épées, les lances et les flèches, les plaques d'acier étaient plus efficaces.

Armure italienne de 1380.

Invasion en tenue légère

La « tapisserie de Bayeux » montre l'invasion de l'Angleterre par les Normands en 1066. Les chevaliers portaient alors simplement une cotte de mailles et un casque.

Tête casquée

Au XIVe siècle, le heaume, enveloppant toute la tête et percé de fentes, fut remplacé par le bassinet, casque à visière mobile.

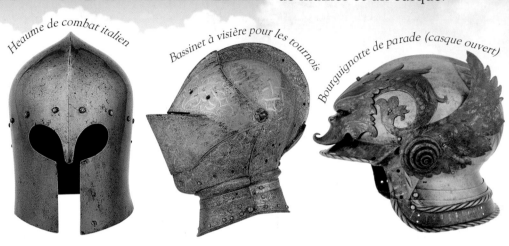

Heaume de combat italien

Bassinet à visière pour les tournois

Bourguignotte de parade (casque ouvert)

Défilé de mode

Très lourdes, les armures portées dans les parades et les tournois étaient faites sur mesure. Il fallait plusieurs mois pour les fabriquer.

Armure allemande de 1500

Armure anglaise de 1587

DES CHEVALIERS DE POIDS

Sauf dans les tournois, il n'est pas vrai qu'il fallait un palan pour hisser le chevalier sur son cheval. Par contre, lorsqu'il tombait au combat, surtout s'il était blessé, il fallait l'aider à se relever ; faute de quoi, il devenait une proie facile pour l'infanterie.

29

Armes de guerre

Le chevalier se battait pour ou contre un souverain, pour défendre ou conquérir des terres. Les combattants étaient peu nombreux, et un souverain pouvait perdre toute une armée en une seule bataille.

Cheval de guerre

Les chevaux étaient si précieux qu'ils étaient parfois protégés par une armure coûteuse qui couvrait la tête. Le caparaçon était un vêtement de cheval qui pouvait être rembourré.

Certaines règles devaient être respectées pendant le combat.

Marteau de guerre

Vouge

Masse d'armes

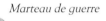

Combat rapproché

Beaucoup d'armes étaient montées sur de longues perches ; réservées au corps-à-corps, les masses d'armes étaient plus courtes.

Des guerres interminables

Au Moyen Âge, l'état de guerre pouvait se prolonger longtemps : la guerre de Cent Ans, entre la France et l'Angleterre, dura en fait cent seize ans : de 1337 à 1453 !

Chargez !

Les chevaliers n'étaient pas les seuls à se battre : les piétons (fantassins) jouaient eux aussi un rôle important. Au XIVe siècle, beaucoup de chevaliers combattaient aussi à pied.

Les soldats chargeaient à l'arme longue (arme d'hast) avant d'utiliser la masse d'armes ou l'épée.

En joute !

Les chevaliers étaient des guerriers, mais également de vrais champions sportifs. Lorsqu'ils n'étaient pas en guerre, ils participaient, en guise d'entraînement, à des spectacles appelés tournois, ou joutes.

Sport d'équipe

Dans les premiers temps, le tournoi était un affrontement entre chevaliers par équipes ; d'autres confrontations s'y ajoutèrent par la suite.

Ce chevalier vient de rompre sa lance ; il a donc perdu la joute.

Règles du jeu

La joute était un affrontement entre deux chevaliers : il fallait faire tomber l'adversaire. Le vainqueur gagnait beaucoup d'argent.

Une barrière de bois empêchait les chevaux de se heurter.

En défense

Pour se protéger, à la bataille et dans les joutes, le chevalier utilisait un bouclier. Celui-ci, une targe de joute de la fin du XVe siècle, comportait une encoche arrondie pour soutenir la lance.

Cette encoche arrondie soutenait la lance.

La poignée en bois dur assurait l'équilibre.

Lance

Dans les joutes, les lances étaient cannelées et donc plus légères.

La masse d'armes endommageait sérieusement une armure.

Le choix des armes

Pour éviter les morts dans les tournois et les joutes, on en vint à émousser les armes. Mais il arrivait quand même que le chevalier soit blessé.

Masse d'armes
La hache avec sa hampe est de la taille d'un homme.

Hache d'armes

Le bassinet était doublé de feutre à l'intérieur.

Pied à terre

Parfois, les chevaliers s'affrontaient à pied, soit individuellement, soit par équipes séparées par une barrière. Les récompenses étaient moins importantes.

Tournois, joutes et combats à pied pouvaient se succéder dans la même journée.

L'héraldique

Chaque famille avait son propre blason, avec ses armes : des symboles compris de tous et illustrant son nom, comme un logo. L'étude des blasons s'appelle l'héraldique.

Un ancêtre

L'une des plus anciennes représentations d'armoiries (1160) figure sur la tombe de Geoffroi Plantagenêt.

Geoffroi V Plantagenêt (1113-1151), comte d'Anjou et duc de Normandie.

Sur l'écu

Sous l'armure, il était difficile de reconnaître les chevaliers ; aussi ceux-ci portaient-ils leur blason bien en évidence sur leur écu, c'est-à-dire leur bouclier.

Ce pommeau, ou poignée de l'épée, a la forme d'une tête de lion.

À retenir

- Le chevalier gardait son blason toute sa vie.

- Un blason se transmettait de père en fils. Lorsqu'il y avait plusieurs fils, chacun des cadets choisissait le sien.

- Il ne pouvait exister deux blasons identiques.

Toutes les armoiries devaient être enregistrées.

Comme à la parade

Cette épée appartenait à Côme de Médicis, duc de Florence au XVIe siècle. Ses armes montrent qu'il était membre d'un ordre de chevalerie, la Toison d'or, dont le collier entoure le blason.

Armes de Côme de Médicis.

Tout a un sens

L'héraldique a sa propre langue, issue du vieux français, pour nommer les couleurs et les symboles – qui ont souvent aussi un sens secret – et leur agencement.

Gueules (rouge)

Sinople (vert)

Le lion symbolise un esprit généreux ; le rouge évoque le guerrier.

La licorne symbolise le courage et la pureté ; le vert, l'espérance et la joie.

Le chien est symbole de loyauté ; la couleur argent évoque la paix.

La chouette symbolise la vigilance et l'esprit ; le bleu, la vérité.

Des armes « écartelées » indiquent que deux familles se sont unies par le mariage.

Argent

Azur (bleu)

Ce vase fut fabriqué vers 1500.

Sceau portant le blason de son propriétaire. Cet anneau, pressé sur de la cire molle, permet à son propriétaire de marquer ses armes sur une lettre.

Faire bonne impression

À l'origine, les armes étaient réservées aux familles nobles. Puis les chevaliers adoptèrent cette coutume, suivis par les grands bourgeois ; même les villes se choisirent des blasons.

Les croisades

En 1096, les chrétiens d'Europe partirent pour le Proche-Orient au secours de l'Empire byzantin mais aussi en un pélerinage armé contre les « sarrasins » pour prendre la ville sainte de Jérusalem ; ce furent les croisades. Il y en eut huit en deux siècles.

À l'origine des croisades

Menacé par l'invasion des Turcs Seldjoukides, l'empereur chrétien de Byzance demanda l'aide du pape Urbain II, qui, en 1095, appela la noblesse d'Europe à prendre les armes.

La croisade populaire

En 1096, des paysans, des femmes et des enfants partirent d'abord, guidés par des prédicateurs, mais ils furent massacrés en Syrie. Jérusalem ne fut prise qu'en 1099 par les nobles.

Cette illustration montre des combattants en armure du XVIᵉ siècle.

Les chevaliers de Saint-Jean construisirent des hôpitaux et des châteaux, dont le plus célèbre est le Krak des Chevaliers, en Syrie.

D'un ordre à l'autre

De nombreux croisés devinrent membres d'ordres militaires, dont les plus connus sont les Templiers et les chevaliers de Saint-Jean-de-Jérusalem, aussi appelés chevaliers Hospitaliers parce qu'ils soignaient les malades.

Sceau des Templiers. L'inscription signifie : « Sceau des soldats du Christ ».

De l'autre côté

Les « sarrasins » combattaient à cheval, avec des épées courbes appelées cimeterres et des boucliers ronds.

Ordres en cascade

Après les croisades, les rois créèrent leurs propres ordres pour s'assurer la loyauté des chevaliers. En France, Louis XI créa l'ordre de Saint-Michel (1469) et, en Bourgogne, Philippe le Bon créa l'ordre de la Toison d'or (1429).

Importations

Au Proche-Orient, les Européens découvrirent un autre monde, d'où ils rapportèrent des fruits exotiques, les vêtements de coton et même le sucre : ils ne connaissaient que le miel.

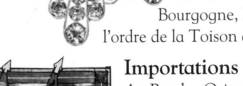

Sucre

Coton

Dattes

Châteaux arabes

Arrivés en Espagne par l'Afrique du Nord, les Arabes y construisirent des châteaux à coupoles, à arches, agrémentés de splendides jardins et ornés de carreaux de céramique.

À retenir

● Au Moyen Âge, les Arabes occupèrent une grande partie de la péninsule Ibérique.

● En 1492, les Rois Catholiques expulsèrent définitivement les Arabes d'Espagne avec la prise de Grenade ; ils y adoptèrent l'Alhambra pour en faire leur résidence.

Ce château compte quatre tours : la Carrée, la Ronde, le Tribut et la Miette.

Un château en Espagne

Près de Cordoue, en Espagne, le château d'Almodóvar del Río compte de nombreux tunnels, tours et puits ; en cas de siège, l'approvisionnement en eau était essentiel.

Sans en être vraiment sûr, on estime que cette casbah fut construite au XVIᵉ siècle.

Château de cinéma

L'une des plus célèbres casbahs – le château arabe – est Aït Benhaddou, au Maroc ; son style est tellement typique qu'il a servi de décor à de nombreux films.

Art non figuratif

Dans les palais arabes, les murs sont décorés de carreaux de couleur ainsi que de stucs portant des citations du Coran. En effet, le livre saint de l'islam interdit les représentations figuratives.

Al-hamra signifie « la rouge » : c'est la couleur du château au soleil couchant.

Une des portes du palais royal de l'Alhambra, résidence des souverains arabes.

Cette partie du palais royal s'appelle la tour des Poules.

Ces impostes permettaient de surveiller les alentours.

Un chef-d'œuvre

Il fallut plus de cent quarante ans pour construire l'Alhambra de Grenade, en Espagne. La partie la plus ancienne est le fort, auquel furent ajoutés trois palais royaux et de nombreux jardins et résidences.

Châteaux d'Asie

Dans des styles différents des châteaux européens, les châteaux japonais, chinois et indiens sont, à leur manière, très caractéristiques.

Un château vraiment très ancien

Le château de Yumbulagang date du Ier siècle av. J.-C. En tibétain, ce nom signifie « palais de la mère et du fils » parce qu'il est constitué de deux parties.

Des passages couverts relient la grande tour aux trois petites.

Le château du Soleil

Mehrangarh, en Inde, doit son nom au mot *mehr* : « soleil ». Ses murailles sont hautes de 37 m et épaisses de 6 m : cela explique pourquoi il n'a jamais été pris !

C'est là que vécurent les empereurs de Chine de 1420 à 1911.

Ville et château

Le palais impérial de Pékin, en Chine, est en fait une ville fortifiée ; il fut achevé en 1420. On l'appelait également la Cité interdite, car son accès était réservé à l'empereur et à sa cour.

Le château de Himeji

Au début simple fort, le château de Himeji, le plus grand du Japon, fut reconstruit deux fois depuis 1346. Il fallut neuf ans pour édifier la tour au XVIIe siècle.

Cette tour compte cinq étages mais sept niveaux intérieurs.

Ignifugé

Si les murs du donjon sont en pierre, la structure est en bois. L'extérieur est recouvert de plâtre pour le protéger du feu.

Himeji est aussi appelé château «du Héron blanc» en raison de la couleur de ses murs.

Des tours de force

Leur hauteur et leur épaisseur font des tours des éléments clefs de la défense d'un château. Plus difficiles à construire, les tours rondes étaient aussi plus efficaces ; on en trouve de tous styles et de toutes tailles.

En France

Le Val de Loire est célèbre pour ses nombreux châteaux. L'architecture des tours, avec leur toit élevé, est très particulière.

La chapelle se trouve dans l'une des deux tours extérieures.

Le château de Chaumont-sur-Loire

Les toits de ces tours sont dits « en poivrière ».

Deux tours massives flanquent le châtelet d'entrée.

Plan général du castel del Monte.

À chacun son style

Le style d'un château dépend du lieu et de l'époque à laquelle il fut construit. Les châteaux gothiques du XIIe siècle sont impressionnants, ceux de la Renaissance plus élégants.

Gothique allemand

Certains châteaux allemands, tels que le burg Eltz de style gothique, ont des formes étranges, adaptées à la configuration du terrain accidenté.

Murs gallois

Le château de Conwy, au pays de Galles compte vingt et une tours, dont treize incluses dans les remparts. Toutes mesurent plus de 20 m de haut.

Le grand huit

Construit par l'empereur Frédéric II en 1249, le castel del Monte, en Italie, est constitué d'un donjon octogonal flanqué de huit tours octogonales.

Modèle suédois

La ville de Kalmar, en Suède, s'est développée autour de son château du XIIe siècle. En 1540, il fut reconstruit en style Renaissance avec des tours ornementales.

Et aujourd'hui ?

La vie de château… Au Moyen Âge, elle était rude, sans confort, on souffrait du froid. Puis le château se fit plus luxueux, mieux aménagé. Aujourd'hui, se faire construire un château est un signe de richesse et de puissance.

La grande maison sur la colline

Entre 1911 et 1914, sir Henry Pellant fit construire Casa Loma – la « maison sur la colline » – à Toronto, au Canada. Mais, n'ayant pu la payer, il dut, à la fin de sa vie, habiter dans une ferme.

Un rêve américain

Entre 1919 et 1947, William Randolph Hearst se fit construire, en Californie, un château avec trois annexes pour les invités, un zoo, des piscines et des courts de tennis.

Louis II de Bavière voulait, disait-il, « un château comme ceux des anciens chevaliers allemands ».

Vivre au château

On peut aujourd'hui passer des vacances dans un ancien château reconverti en hôtel, ou encore dans un hôtel qui ressemble à un château d'antan.

Cet hôtel sud-africain s'inspire du château de Lichtenstein, en Souabe (Allemagne).

Au pays des fées

Walt Disney s'est inspiré de Neuschwanstein pour le château de Cendrillon à Disneyworld, en Floride.

Un morceau de roi

Le roi Louis II de Bavière (1845-1886) voulait vivre dans un château à la mesure de ses rêves : ce fut Neuschwanstein, dont les travaux commencèrent en 1869. L'édifice n'était pas terminé à la mort du roi.

Glossaire

Voici l'explication d'un certain nombre de mots
en rapport avec les châteaux et les chevaliers.

Adoubement Cérémonie au cours
de laquelle l'écuyer était fait
chevalier, recevant son épée,
ses éperons et son bouclier.

Arbalète Arc d'acier monté sur
un fût dont on tendait la corde
avec une manivelle et qui tirait
de courtes flèches à pointe d'acier
appelées traits ou carreaux.

Armure Ensemble de pièces
de métal protégeant le corps
du chevalier.

Baliste Machine de guerre utilisant
le principe de l'arbalète.

Barbacane Fortification en saillie
sur la muraille, servant à défendre
une porte.

Basse cour Cour fortifiée située
dans la partie basse du château à
motte, où se trouvaient les ateliers
et les animaux.

Blason Ensemble des signes et
couleurs que le chevalier portait sur
son écu pour se faire reconnaître.

Chapelain Prêtre attaché
au service d'un seigneur et
de sa chapelle privée.

Château à motte Construction
édifiée sur un monticule naturel
ou artificiel, défendu par une
palissade en bois.

Château concentrique Château
entouré d'une double ou triple ligne
de murailles.

Chausse-trape Pièce de fer
à quatre pointes qu'on jetait
sur le sol pour blesser aux pieds
les chevaux et les hommes.

Chevaleresque Qualifie ce que
doit être le comportement
(courtois) des chevaliers – à la
guerre et en amour.

Cotte de mailles ou haubert
Armure légère composée d'anneaux
métalliques entrelacés.

Créneaux Ouvertures pratiquées au
sommet des remparts et permettant
aux défenseurs de tirer sur l'ennemi
tout en restant protégés.

Cubitière Partie de l'armure
protégeant le coude.

Cuissard Partie de l'armure
protégeant la cuisse.

Donjon Tour fortifiée dans
un château, qui servait d'ultime
retranchement en cas d'attaque
et abritait parfois une prison.

Douves Fossé entourant un château
et normalement rempli d'eau.

Écuyer Jeune noble au service d'un
seigneur et qui, après avoir été page,
se prépare à devenir chevalier.

Féodalité Organisation de la société
au Moyen Âge, fondée sur
la distribution de terres (fiefs) par
le souverain et sur le serment (« foi »)
prêté par le vassal (un homme libre
qui se met au service d'un puissant)
au suzerain (seigneur ou roi)
et qui impliquait des obligations
réciproques.

Fief Domaine qu'un vassal tenait
d'un seigneur ou du roi.

Fort Construction renforcée destinée
à protéger un lieu.

Gantelet Partie de l'armure
recouvrant et protégeant la main.

Garnison L'ensemble des soldats
établis dans un lieu donné,
en particulier un château.

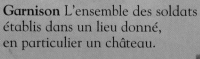

Genouillère Partie de l'armure protégeant le genou.

Grève Partie de l'armure qui protégeait la jambe.

Héraldique Utilisation de symboles («armes») pour identifier les chevaliers et les familles nobles; *voir* **blason**.

Herse Lourde grille de métal que l'on descendait devant la porte du château pour empêcher les assaillants de l'enfoncer.

Joute Combat singulier à la lance et à cheval; il s'agissait de désarçonner l'adversaire.

Lance Longue perche de bois terminée par une pointe métallique.

Mangonneau Machine de siège servant à lancer des pierres contre un château.

Marteau de guerre Arme formée d'un marteau d'acier terminé par un bec pointu qui pouvait percer une armure.

Masse d'armes Arme composée d'une tête métallique, souvent garnie de pointes, fixée à un court manche de bois.

Ménestrel ou troubadour Poète et musicien qui chantait lors des fêtes données par le seigneur.

Meurtrière Étroite ouverture dans un mur permettant au défenseur de tirer sur l'assaillant tout en restant à l'abri.

Page Fils cadet de famille noble qui était envoyé chez un autre seigneur pour se préparer à devenir écuyer.

Palissade Rempart de bois protégeant un château.

Pourpoint Veste portée sous l'armure, renforcée quelquefois de mailles là où il n'y a pas de cuirasse.

Seigneur Noble dont dépendaient des terres et leurs habitants.

Serf Paysan attaché à une terre et appartenant à son seigneur qui lui devait protection.

Siège Tactique consistant à encercler un château et à l'attaquer pour obliger son seigneur à se rendre.

Soleret Partie de l'armure protégeant le pied.

Suzerain Seigneur qui possédait un fief et dont dépendaient d'autres fiefs; le suzerain devait aide et protection à ses vassaux.

Tournoi Affrontement courtois entre plusieurs chevaliers, soit à cheval, soit à pied.

Trébuchet Arme de siège comparable à une grosse catapulte.

Vouge Sorte de lance terminée par une lame asymétrique et tranchante.

Index

Remerciements

Dorling Kindersley remercie :
Cathy Chesson, Andy Cooke, Peter Bull, Sarah Mills et Karl Stange.

Crédits photographiques

L'éditeur remercie les personnes suivantes de l'avoir autorisé à reproduire leurs photographies/images : h = haut ; c = centre ; b = bas ; g = gauche ; d = droite

1 **Alamy Images** : Alasdair Ogilvie/The National Trust Photolibrary. 2 **DK Images** : Geoff Dann/avec l'aimable autorisation de la collection Wallace, Londres hg. 3 **Getty Images** : Photographer's Choice. 4 Corbis : Buddy Mays hg. 4-5 **Alamy Images** : Worley Design. 5 **Arcangel Images** : hg. 5 www.bridgeman.co.uk : Giraudon/Bibliothèque Sainte-Geneviève, Paris ch. 5 **DK Images** : Geoff Dann/avec l'aimable autorisation du Guild of Stone Masons and Carvers, Londres hd, hcg ; Torla Evans/The Museum of London hcd. 6-7 **DK Images** : Dave Rudkin/Gordon Models - modelmaker. 7 **Corbis** : Robert Estall hd. 7 **Photo-Links.com** : cgh. 8 **Corbis** : Bettmann hg. 8 **Getty Images** : Robert Harding World Imagery bg. 8-9 **Topfoto.co.uk** : HIP/English Heritage. 9 **Alamy Images** : Adrian Chinery hd. 9 The Board of Trustees of the Armouries : Ivan Lapper cdh, cdb, bd. 10 **Alamy Images** : Liquid-Light Photography g. 10 **Topfoto.co.uk** : The British Library/HIP hg. 11 **Alamy Images** : geogphotos hg. 11 **DK Images** : Geoff Brightling/avec l'aimable autorisation du Order of the Black Prince cb. 12 **DK Images** : British Library hd. 13 **Corbis** : Ludovic Maisant chg. 13 **DK Images** : Torla Evans/The Museum of London bc, cbd. 14 **Bodleian Library, University of Oxford** : hcd. 14 **DK Images** : Geoff Dann/avec l'aimable autorisation de la collection Anthony Barton c, bg. 14-15 **A1 Pix** : Superbild. 15 **Collections** : Roy Stedall-Humphreys hg. 15 **DK Images** : Geoff Dann/The British Museum bd, bcd, bdg ; Torla Evans/The Museum of London c. 16 **DK Images** : Colin Keates/avec l'aimable autorisation du Natural History Museum, Londres ch. 16 **The Picture Desk** : The Art Archive/JFB d. 16-17 Dick Clark. 17 **Dick Clark** : d. 18 **Alamy Images** : Kevin White h. 19 **Alamy Images** : Seymour

Rogansky b. 19 **DK Images** : Geoff Dann/avec l'aimable autorisation du Board of Trustees of the Royal Armouries chg. 19 **Topfoto.co.uk** : HIP/The British Library hg. 20 **Corbis** : Richard T. Nowitz cdh. 21 Chateau de Chillon. 21 **Corbis** : Bettmann hg. 21 **DK Images** : Harry Taylor/avec l'aimable autorisation du Natural History Museum, Londres bd. 22 **Dick Clark** : 23. akg-images : hc. 23 **Dick Clark** : cgb. 23 **Topfoto.co.uk** : bd. 24 www.bridgeman.co.uk : British Library hg. 24-25 **Dick Clark**. 25 **DK Images** : The British Museum cg. 25 **The Picture Desk** : The Art Archive hcg. 26-27 **Corbis** : Elio Ciol. 28 **Dick Clark** : g. 29 www.bridgeman.co. uk : Musée de la Tapisserie, Bayeux, avec l'autorisation spéciale de la ville de Bayeux hcg. 29 **Corbis** : Philidelphia Museum of Art bg. 29 **DK Images** : Geoff Dann/avec l'aimable autorisation de la collection Wallace, Londres bc, bc, chg, chd. 30 **Corbis** : Kit Houghton hg. 30 **DK Images** : Geoff Dann/The British Museum bcg. 30-31 **Dick Clark**. 31 www.bridgeman.co.uk : Earl of Leicester, Holkham Hall, Norfolk hg. 32 **Dick Clark** : hg. 32-33 **Dick Clark**. 33 **Dick Clark** : bd. 33 **DK Images** : Geoff Dann/avec l'aimable autorisation de la collection Wallace, Londres hg, h, chd. 34 **DK Images** : Geoff Dann/avec l'aimable autorisation de la collection Wallace, Londres bc. 36 **Corbis** Archivo Iconografico, SA hg, b. 37 **Alamy Images** : Expuesto/Nicolas Randall h. 37 www.bridgeman.co.uk : Giraudon/ Bibliothèque Nationale, Paris bg. 37 **Corbis** : Francis G. Mayer c ; Origlia Franco/ Sygma cdh. 37 **DK Images** : Angus McBride cgh. 38 **Alamy Images** : LifeFile Photos Ltd/Emma Lee chd ; Pat Behnke bg. 38-39 **Corbis** : Hubert Stadler. 39 **Alamy Images** : Ian Dagnall hd. 39 **Corbis** Patrick Ward hc. 40 **A1 Pix** : Superbild cdh. 40 **Alamy Images** : Panorama Stock Photos Co Ltd/Hu Weibiao cgb ; 40 **Corbis** : Sheldan Collins cgh. 40-41 **Alamy Images** : SC Photos/Dallas & John Heaton. 41 **Corbis** : Michael S. Yamashita h. 42-43 **Alamy Images** : AM Corporation. 43 **Corbis** : Dave Bartruff bc ; Massimo Listri cb ; Paul Thompson/Eye Ubiquitous ch. 43 **Getty Images** : Stone/Stephen Studd hc. 44 **A1 Pix** : hg. 44 **Corbis** : ChromoSohm Inc./Joseph Sohm hd ; Jose Fuste Raga bcd. 44-45 **Getty Images** : Taxi/Josef Beck. 45 **Alamy Images** : Ian Dagnall hcg. 46-47 **Getty Images** : Image Bank/Angelo Cavalli. 48 **Alamy Images** : Trevor Smithers. 48 **DK Images** : Geoff Dann/avec l'aimable autorisation de la collection Wallace, Londres c. Autres images © Dorling Kindersley.
Couverture : © Dorling Kindersley, sauf **Corbis** : © Archivo Iconographica, S.A. 1er plat hg et © Jonathan Blair 4e plat h.